школа - škola	2
подорож - putešestvie	5
транспорт - transport	8
місто - gorod	10
ландшафт - landšaft	14
ресторан - restoran	17
супермаркет - supermarket	20
напої - napitki	22
їжа - eda	23
ферма - ferma	27
дім - dom	31
вітальня - gostinaâ	33
кухня - kuhnâ	35
ванна кімната - vannaâ komnata	38
дитяча кімната - detskaâ komnata	42
одяг - odežda	44
офіс - ofis	49
економіка - èkonomika	51
професії - professii	53
інструменти - instrumenty	56
музичні інструменти - muzykal'nye instrumenty	57
зоопарк - zoopark	59
спорт - sport	62
дії - dejstviâ	63
сім'я - sem'â	67
тіло - telo	68
лікарня - bol'nica	72
аварійний випадок - neotložnyj slučaj	76
Земля - zemlâ	77
годинник - časy	79
тиждень - nedelâ	80
рік - god	81
форми - formy	83
фарби - cveta	84
протилежності - protivopoložnosti	85
числа - cyfry	88
мови - âzyki	90
хто / що / як - kto / čto / kak	91
де - gde	92

Impressum
Verlag: BABADADA GmbH, Nedderfeld 112 , 22529 Hamburg
Geschäftsführer / Verlagsleitung: Harald Hof
Druck: Books on Demand GmbH, In de Tarpen 42, 22848 Norderstedt

Imprint
Publisher: BABADADA GmbH, Nedderfeld 112 , 22529 Hamburg, Germany
Managing Director / Publishing direction: Harald Hof
Print: Books on Demand GmbH, In de Tarpen 42, 22848 Norderstedt, Germany

школа
škola

класна кімната / klassnaâ komnata
ділити / deliť
дошка / doska
шкільний двір / škoľnyj dvor
вчитель / učiteľ
папір / bumaga
писати / pisať
ручка / ručka
письмовий стіл / pis'mennyj stol
лінійка / linejka
книга / kniga
учень / učenik

ранець
ranec

пенал
penal

олівець
karandaš

точило
točilka

гумка
lastik

альбом для малювання
al'bom dlâ risovaniâ

малюнок

risunok

пензель

kistočka

коробка фарб

korobka krasok

ножиці

nožnicy

клей

klej

зошит

tetrad'

домашнє завдання

domašnââ rabota

число

cyfra

додавати

pribavlât'

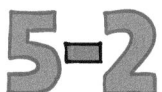

віднімати

vyčitať

множити

umnožať

рахувати

sčitať

літера

bukva

абетка

alfavit

слово

slovo

школа - škola

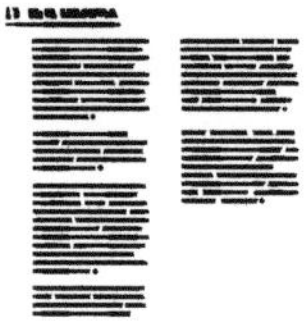

текст

tekst

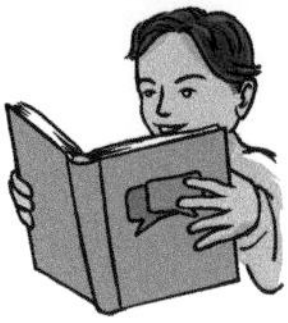

читати

čitat'

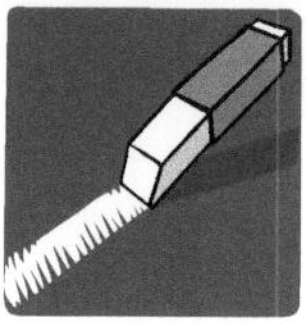

крейда

mel

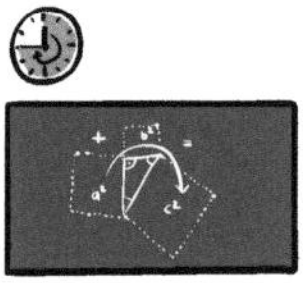

година

urok

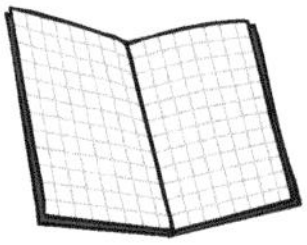

класний журнал

klassnyj žurnal

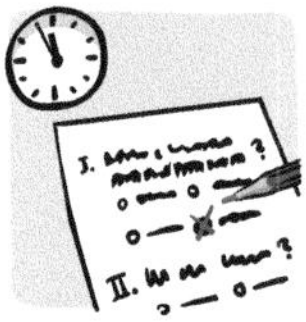

екзамен

èkzamen

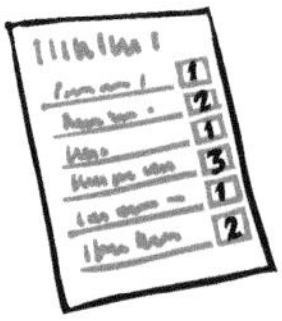

диплом

diplom

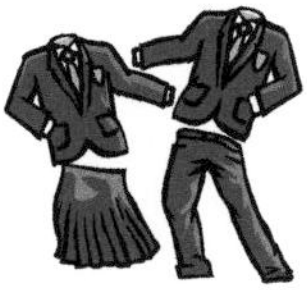

шкільна форма

škol'naâ forma

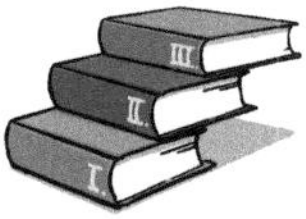

освіта

obrazovanie

лексикон

èncyklopediâ

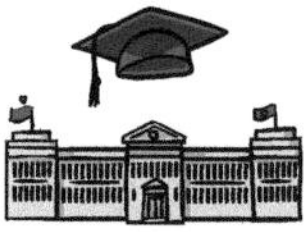

університет

universitet

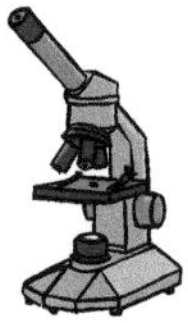

мікроскоп

mikroskop

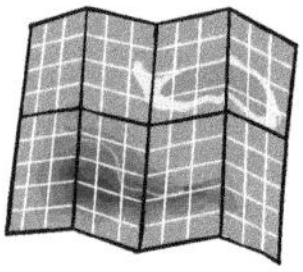

карта

karta

кошик для паперу

korzina dlâ bumag

подорож
putešestvie

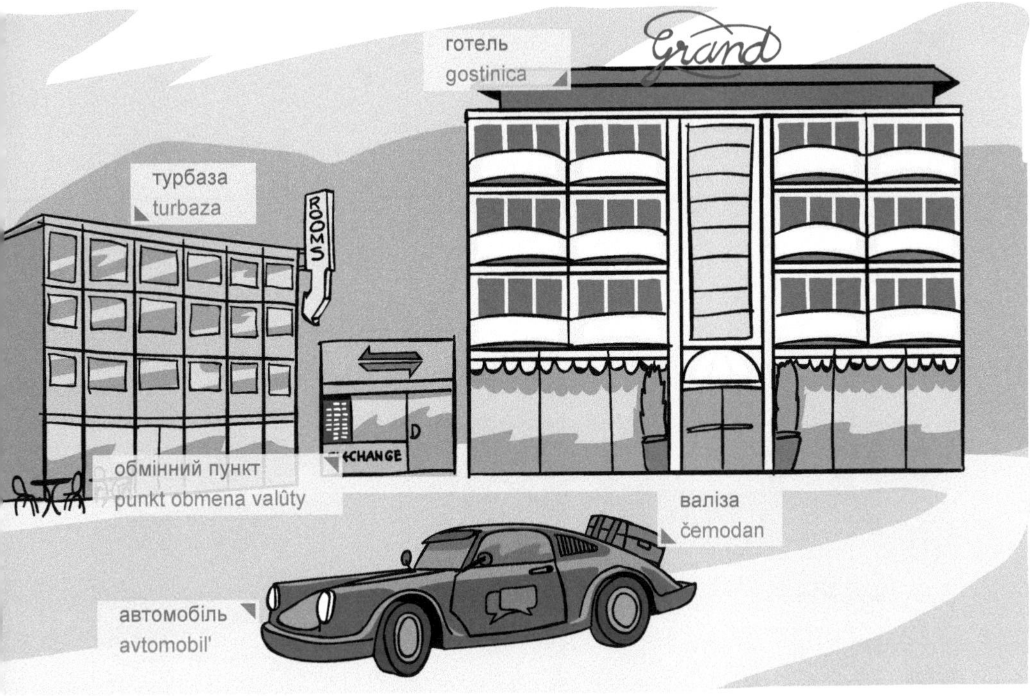

готель
gostinica

турбаза
turbaza

обмінний пункт
punkt obmena valûty

валіза
čemodan

автомобіль
avtomobil'

мова
âzyk

так / ні
da / net

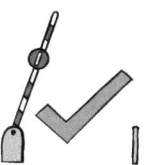

добре
horošo

привіт
Privet

перекладач
perevodčik

дякую
Spasibo

подорож - putešestvie

Скільки коштує ...?
Skol'ko stoit...?

Я не розумію
Â ne ponimaû

проблема
problema

Добрий вечір!
Dobryj večer!

Доброго ранку!
Dobroe utro!

На добраніч!
Dobroj noči!

До побачення
Do svidaniâ

напрямок
napravlenie

багаж
bagaž

сумка
sumka

рюкзак
rûkzak

гість
gost'

кімната
komnata

спальний мішок
spal'nyj mešok

намет
palatka

подорож - putešestvie

туристична інформація
turističeskaâ informacyâ

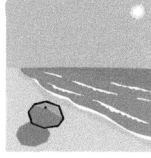
пляж
plâž

кредитна картка
kreditnaâ kartočka

сніданок
zavtrak

обід
obed

вечеря
užyn

квиток
bilet

ліфт
lift

поштова марка
počtovaâ marka

межа
granica

митниця
tamožnâ

посольство
posol'stvo

віза
viza

паспорт
pasport

подорож - putešestvie

транспорт
transport

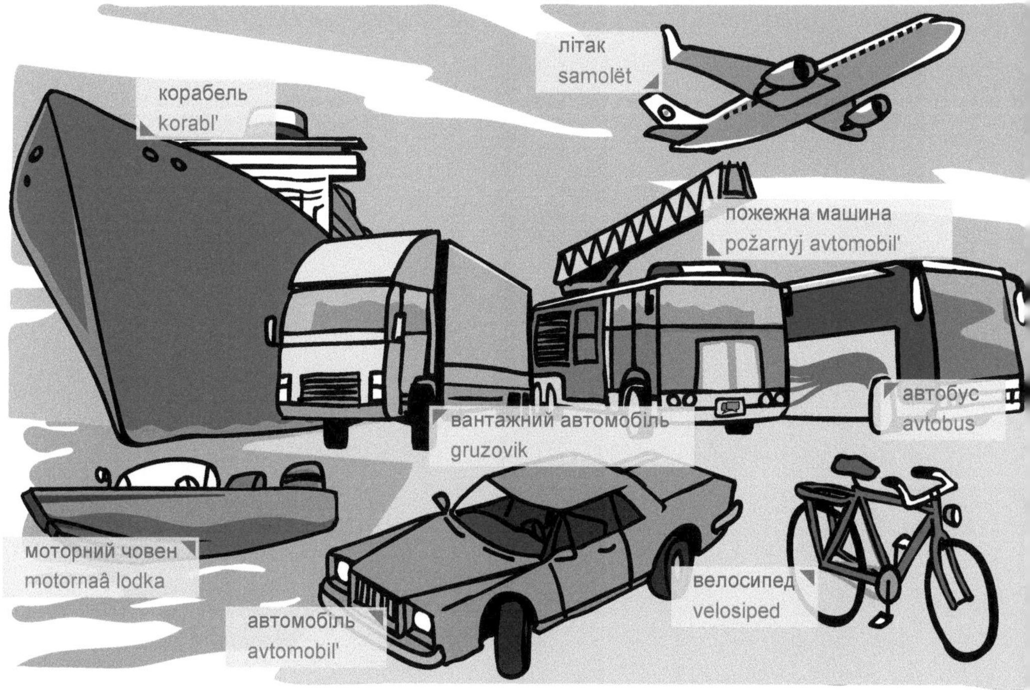

літак / samolët

корабель / korabl'

пожежна машина / požarnyj avtomobil'

автобус / avtobus

вантажний автомобіль / gruzovik

моторний човен / motornaâ lodka

автомобіль / avtomobil'

велосипед / velosiped

пором
parom

човен
lodka

мотоцикл
motocykl

поліцейська машина
policejskij avtomobil'

гоночний автомобіль
gonočnyj avtomobil'

автомобіль на прокат
arendovannyj avtomobil'

спільне користування авто

sovmestnoe pol'zovanie avtomobilâmi

евакуатор

buksirovočnyj avtomobil'

сміттєвоз

musorovoz

двигун

dvigatel'

паливо

toplivo

автозаправна станція

zapravka

дорожній знак

dorožnyj znak

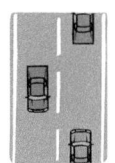

рух

dviženie

затор

probka

стоянка

avtostoânka

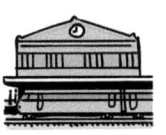

вокзал

vokzal

рейки

rel'sy

потяг

poezd

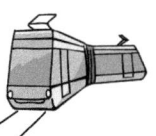

трамвай

tramvaj

вагон

vagon

транспорт - transport

гелікоптер
vertolët

аеропорт
aèroport

вежа
vyška

пасажир
passažyr

контейнер
kontejner

коробка
korobka

візок
teležka

кошик
korzina

стартувати / приземлятися
vzletat' / prizemlât'sâ

місто
gorod

село
derevnâ

центр міста
centr goroda

дім
dom

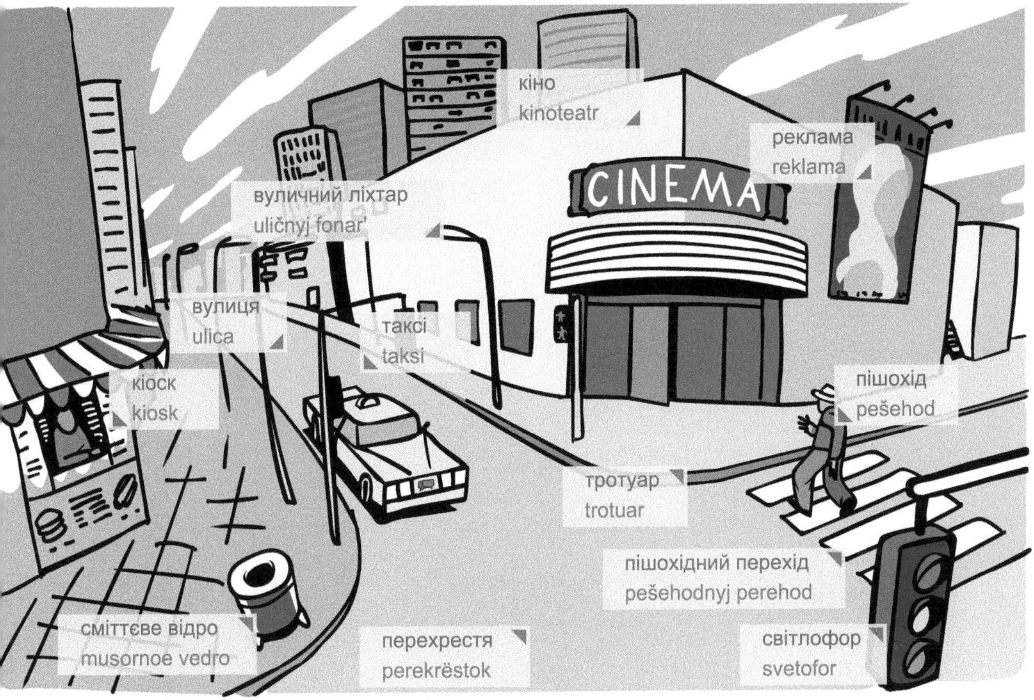

кіно
kinoteatr

реклама
reklama

вуличний ліхтар
uličnyj fonar'

вулиця
ulica

таксі
taksi

пішохід
pešehod

кіоск
kiosk

тротуар
trotuar

пішохідний перехід
pešehodnyj perehod

сміттєве відро
musornoe vedro

перехрестя
perekrëstok

світлофор
svetofor

хатина
hižyna

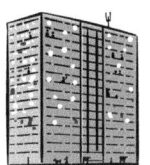

квартира
kvartira

вокзал
vokzal

ратуша
ratuša

музей
muzej

школа
škola

місто - gorod

університет
universitet

банк
bank

лікарня
bol'nica

готель
gostinica

аптека
apteka

офіс
ofis

книжковий магазин
knižnyj magazin

магазин
magazin

квітковий магазин
cvetočnyj magazin

супермаркет
supermarket

ринок
rynok

універмаг
univermag

торговець рибою
torgovec ryboj

торговельний центр
torgovyj centr

гавань
port

місто - gorod

парк
park

лава
skamejka

міст
most

сходи
lestnica

метро
metro

тунель
tonnel'

автобусна зупинка
avtobusnaâ ostanovka

бар
bar

ресторан
restoran

поштова скринька
počtovyj âšik

вулична табличка
tablička s nazvaniem ulicy

лічильник паркування
parkometr

зоопарк
zoopark

басейн
bassejn

мечеть
mečet'

місто - gorod

ферма
ferma

забруднення навколишнього середовища
zagrâznenie okružaûšej sredy

кладовище
kladbiše

церква
cerkov'

дитячий майданчик
detskaâ ploŝadka

храм
hram

ландшафт
landšaft

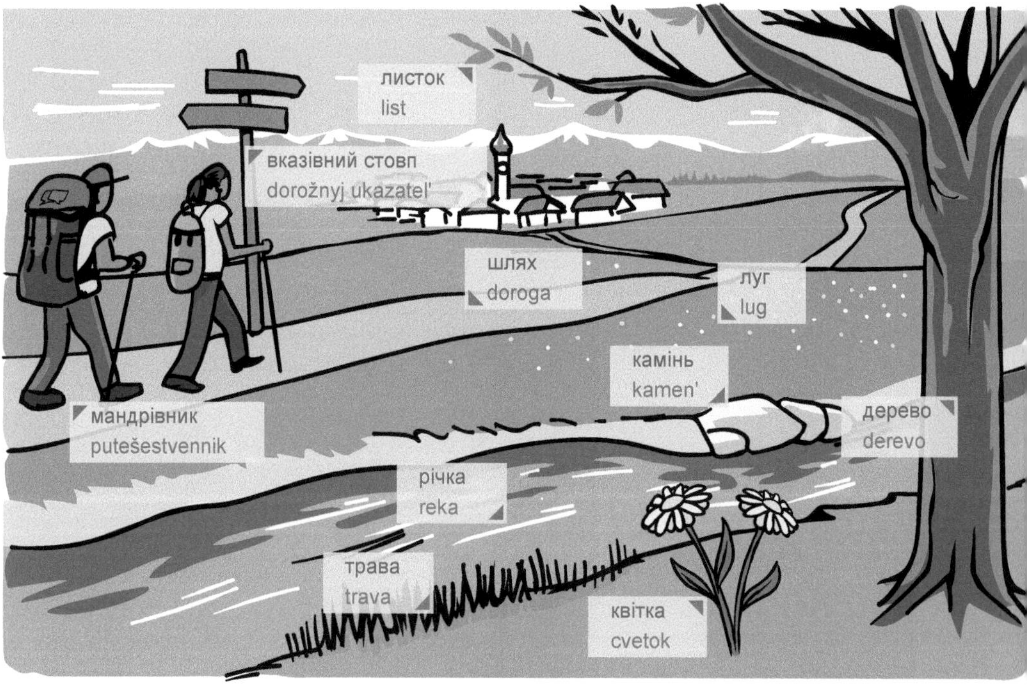

- листок / list
- вказівний стовп / dorožnyj ukazatel'
- шлях / doroga
- луг / lug
- камінь / kamen'
- дерево / derevo
- мандрівник / putešestvennik
- річка / reka
- трава / trava
- квітка / cvetok

долина
dolina

гора
gora

озеро
ozero

ліс
les

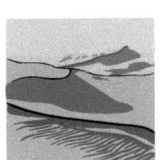
пустеля
pustynâ

вулкан
vulkan

замок
zamok

веселка
raduga

гриб
grib

пальма
pal'ma

комар
komar

муха
muha

мурашка
muravej

бджола
pčela

павук
pauk

ландшафт - landšaft

жук
žuk

жаба
lâguška

вивірка
belka

їжак
ež

заєць
zaâc

сова
sova

птах
ptica

лебідь
lebed'

кабан
kaban

олень
olen'

лось
los'

гребля
plotina

вітряк
vetrânoj generator

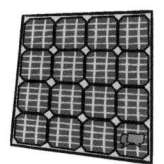

сонячний модуль
solnečnaâ batareâ

клімат
klimat

ландшафт - landšaft

ресторан
restoran

офіціант
oficyant

меню
menû

стілець
stul

суп
sup

піца
picca

столові прилади
stolovye pribory

скатертина
skatert'

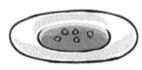

закуска
zakuska

друга страва
glavnoe blûdo

десерт
desert

напої
napitki

їжа
eda

пляшка
butylka

фаст-фуд
fastfud

вулична їжа
uličnaâ eda

чайник
čajnik

цукорниця
saharnica

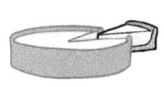
порція
porcyâ

еспресо-машина
kofevarka

високий стільчик
detskij stul'čik

рахунок
sčet

піднос
podnos

ніж
nož

вилка
vilka

ложка
ložka

чайна ложка
čajnaâ ložka

серветка
salfetka

склянка
stakan

ресторан - restoran

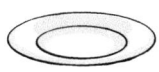

тарілка
tarelka

тарілка для супу
supovaâ tarelka

блюдце
blûdce

соус
sous

солонка
solonka

млин для перцю
mel'nica dlâ perca

оцет
uksus

масло
maslo

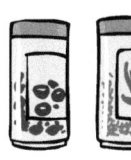

спеції
specyi

кетчуп
ketčup

гірчиця
gorčica

майонез
majonez

супермаркет
supermarket

пропозиція / specyal'noe predloženie

клієнт / pokupatel'

молочні продукти / moločnye produkty

фрукти / frukty

візок для покупок / teležka dlâ pokupok

м'ясний магазин
mâsnoj magazin

пекарня
pekarnâ

зважувати
vzvešyvat'

овочі
ovoši

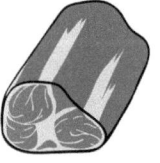

м'ясо
mâso

заморожені продукти
bystrozamorožennye produkty

супермаркет - supermarket

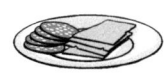

ковбасна нарізка
narezka

консерви
konservy

пральний порошок
stiral'nyj porošok

солодощі
sladosti

предмети домашнього побуту
predmet domašnego obihoda

мийний засіб
moûšee sredstvo

продавщиця
prodavŝica

каса
kassa

касир
kassir

список покупок
spisok pokupok

часи роботи
vremâ raboty

гаманець
bumažnik

кредитна картка
kreditnaâ kartočka

сумка
sumka

поліетиленовий пакет
poliètilenovyj paket

супермаркет - supermarket

напої
napitki

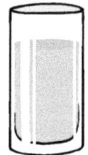
вода
voda

сік
sok

молоко
moloko

кола
koka-kola

вино
vino

пиво
pivo

алкоголь
alkogol'

какао
kakao

чай
čaj

кава
kofe

еспресо
èspresso

капучіно
kapučino

їжа
eda

банан
banan

яблуко
âbloko

апельсин
apel'sin

кавун
arbuz

лимон
limon

морква
morkov'

часник
česnok

бамбук
bambuk

цибуля
luk

гриб
grib

горішки
orehi

локшина
lapša

їжа - eda

спагеті	рис	салат
spagetti	ris	salat

картопля фрі	смажена картопля	піца
kartofel' fri	žarenyj kartofel'	picca

гамбургер	бутерброд	шніцель
gamburger	sèndvič	šnicel'

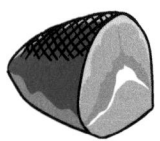  

шинка	салямі	ковбаса
vetčina	salâmi	kolbasa

курка	печеня	риба
kurica	žarkoe	ryba

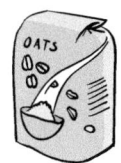

вівсяні пластівці

ovsânye hlop'â

мюслі

mûsli

кукурудзяні пластівці

kukuruznye hlop'â

борошно

muka

круасан

kruassan

булочка

buločka

хліб

hleb

тостовий хліб

tost

печиво

pečen'e

масло

maslo

сир

tvorog

пиріг

pirog

яйце

âjco

яєчня

âičnica

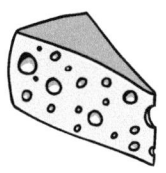

сир

syr

їжа - eda

морозиво

moroženoe

цукор

sahar

мед

mëd

мармелад

marmelad

нуга-крем

krem s nugoj

карі

karri

їжа - eda

ферма
ferma

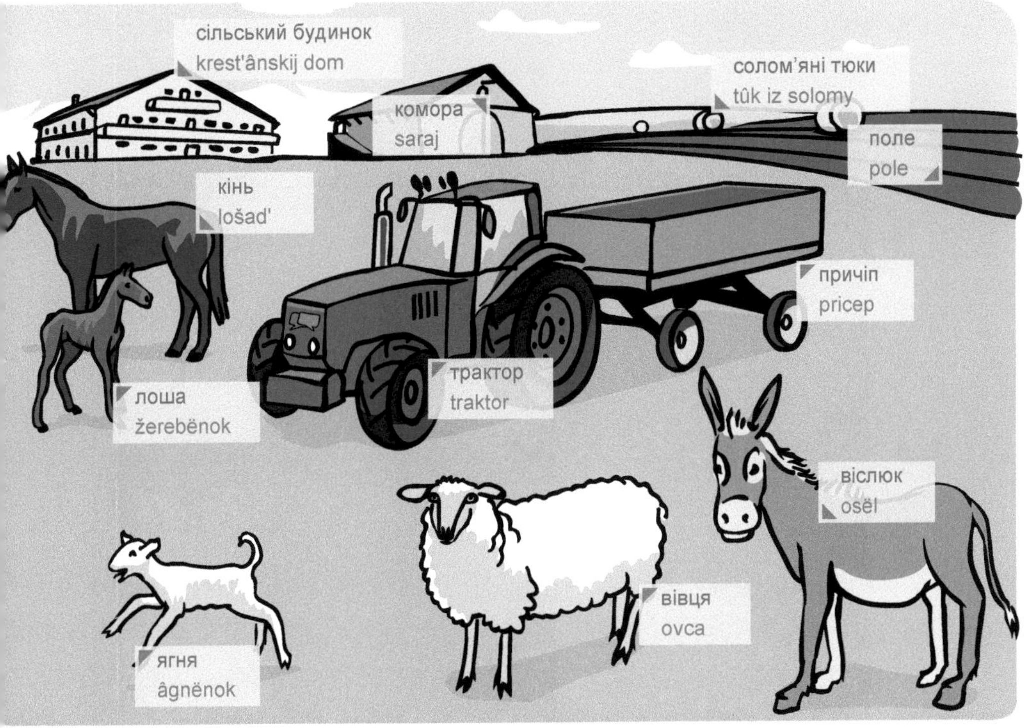

сільський будинок / krest'ânskij dom
комора / saraj
солом'яні тюки / tûk iz solomy
поле / pole
кінь / lošad'
причіп / pricep
лоша / žerebënok
трактор / traktor
віслюк / osël
ягня / âgnënok
вівця / ovca

коза
koza

корова
korova

теля
telënok

свиня
svin'â

порося
porosënok

бик
byk

гусак
gus'

качка
utka

курча
cyplënok

курка
kurica

півень
petuh

щур
krysa

кіт
koška

миша
myš'

віл
vol

собака
sobaka

собача будка
konura

садовий шланг
sadovyj šlang

лійка
lejka

коса
kosa

плуг
plug

ферма - ferma

серп
serp

мотика
motyga

вила
navoznye vily

сокира
topor

тачка
tačka

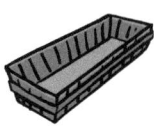

корито
koryto

бідон молока
bidon dlâ moloka

мішок
mešok

паркан
zabor

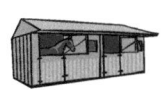

хлів
hlev

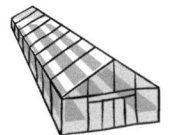

теплиця
teplica

ґрунт
počva

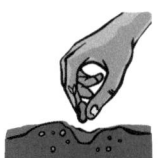

насіння
posev

добриво
udobrenie

комбайн
kombajn

ферма - ferma

пожинати
sobirať urožaj

урожай
urožaj

корінь ямсу
âms

пшениця
pšenica

соя
soâ

картопля
kartofeľ

кукурудза
kukuruza

ріпак
raps

плодове дерево
fruktovoe derevo

маніок
maniok

злаки
zlaki

ферма - ferma

дім
dom

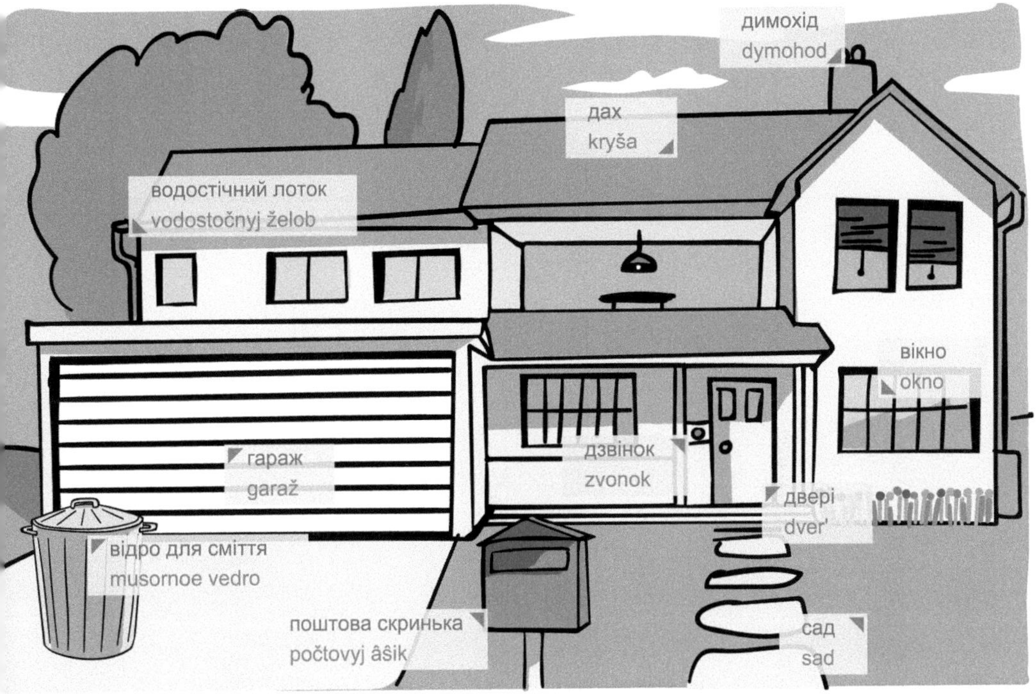

димохід
dymohod

дах
kryša

водостічний лоток
vodostočnyj želob

вікно
okno

гараж
garaž

дзвінок
zvonok

двері
dver'

відро для сміття
musornoe vedro

поштова скринька
počtovyj âšik

сад
sad

вітальня
gostinaâ

ванна кімната
vannaâ komnata

кухня
kuhnâ

спальня
spal'nâ

дитяча кімната
detskaâ komnata

їдальня
stolovaâ

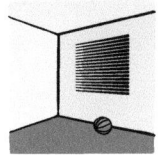
підлога
pol

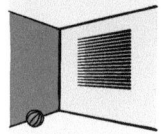
стіна
stena

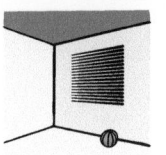
стеля
potolok

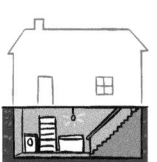
підвал
podval

сауна
sauna

балкон
balkon

тераса
terrasa

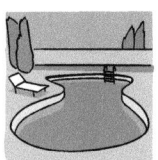
басейн
bassejn

косарка
gazonokosilka

простирало
pododeâl'nik

ковдра
pokryvalo

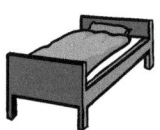
ліжко
krovať

мітла
metla

відро
vedro

перемикач
vyklûčateľ

вітальня
gostinaâ

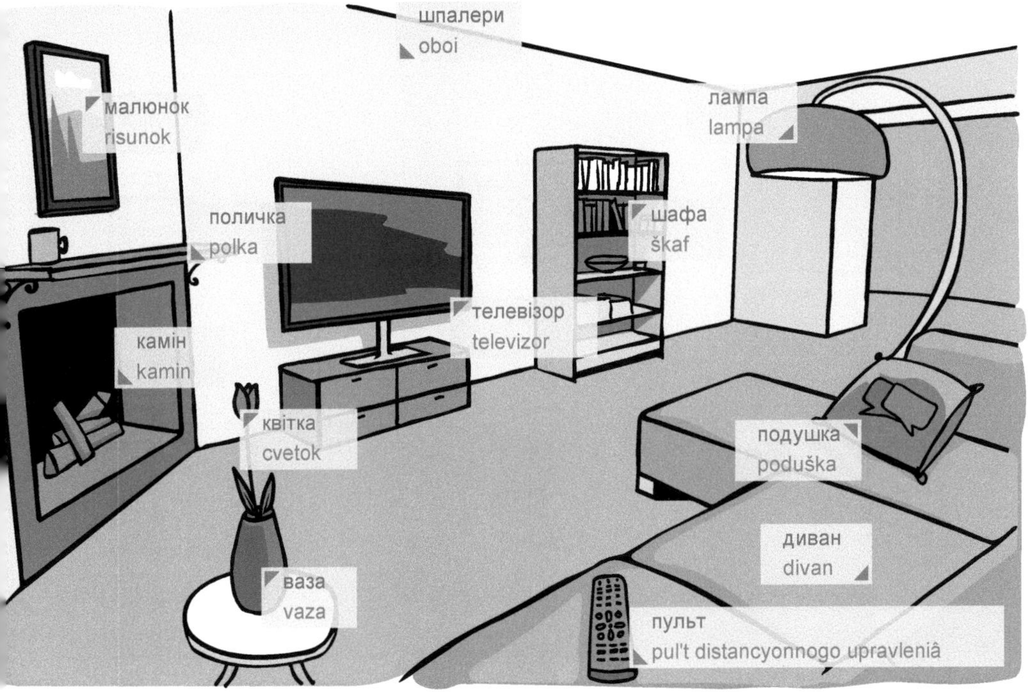

шпалери / oboi
малюнок / risunok
лампа / lampa
поличка / polka
шафа / škaf
камін / kamin
телевізор / televizor
квітка / cvetok
подушка / poduška
диван / divan
ваза / vaza
пульт / pul't distancyonnogo upravleniâ

килим
kovër

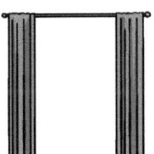

завіса
štora

стіл
stol

стілець
stul

крісло-гойдалка
kreslo-kačalka

крісло
kreslo

вітальня - gostinaâ

книга — kniga
ковдра — pokryvalo
прикраса — ukrašenie

дрова — drova
фільм — fil'm
стереосистема — stereosistema

ключ — klûč
газета — gazeta
картина — kartina

плакат — plakat
радіо — radio
блокнот — bloknot

пилосос — pylesos
кактус — kaktus
свічка — sveča

вітальня - gostinaâ

кухня
kuhnâ

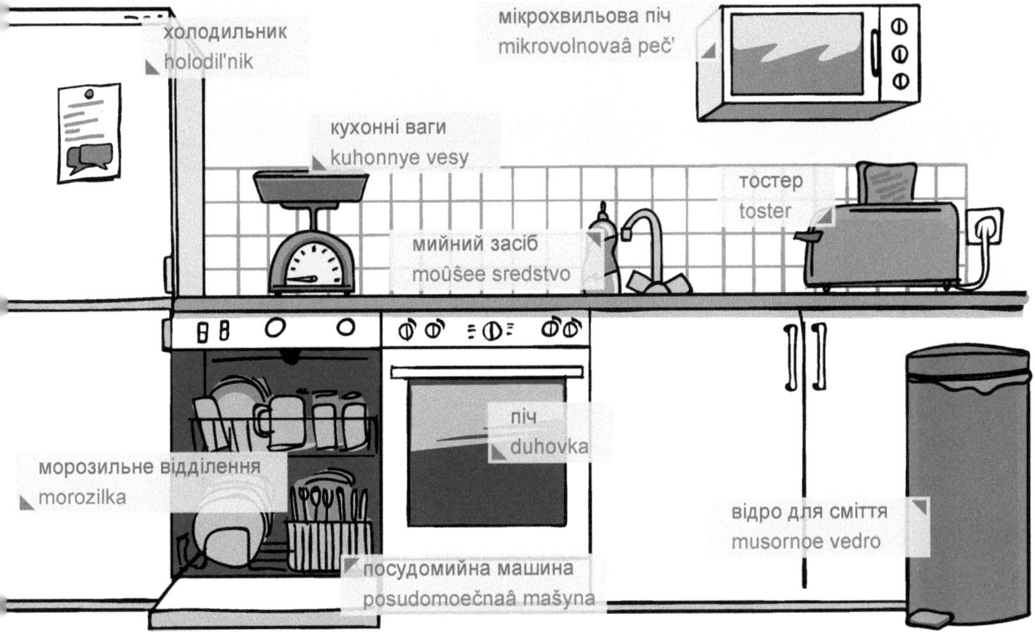

холодильник
holodil'nik

мікрохвильова піч
mikrovolnovaâ peč'

кухонні ваги
kuhonnye vesy

тостер
toster

мийний засіб
moûšee sredstvo

піч
duhovka

морозильне відділення
morozilka

відро для сміття
musornoe vedro

посудомийна машина
posudomoečnaâ mašyna

плита
plita

горщик
kastrûlâ

чавунний горщик
čugunnyj kotelok

вок / кадай
vok / kadaj

сковорода
skovoroda

чайник
čajnik

пароварка
parovarka

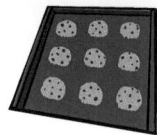

лист
protiven'

посуд
posuda

кухоль
kružka

чаша
miska

палички для їжі
paločki dlâ edy

черпак
polovnik

лопатка
lopatka

вінчик для збивання
sbivalka

сито
sito

сито
sito

терка
tërka

ступка
stupka

барбекю
gril'

багаття
kostër

кухня - kuhnâ

дошка
doska

качалка
skalka

штопор
štopor

конзерва
žestânaâ banka

відкривачка
konservnyj nož

прихватки
prihvatka

раковина
rakovina

щітка
šetka

губка
gubka

міксер
mikser

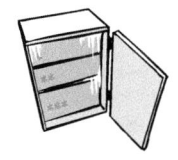
морозильна камера
morozil'naâ kamera

дитяча пляшка
butyločka dlâ kormleniâ

кран
kran

кухня - kuhnâ

ванна кімната
vannaâ komnata

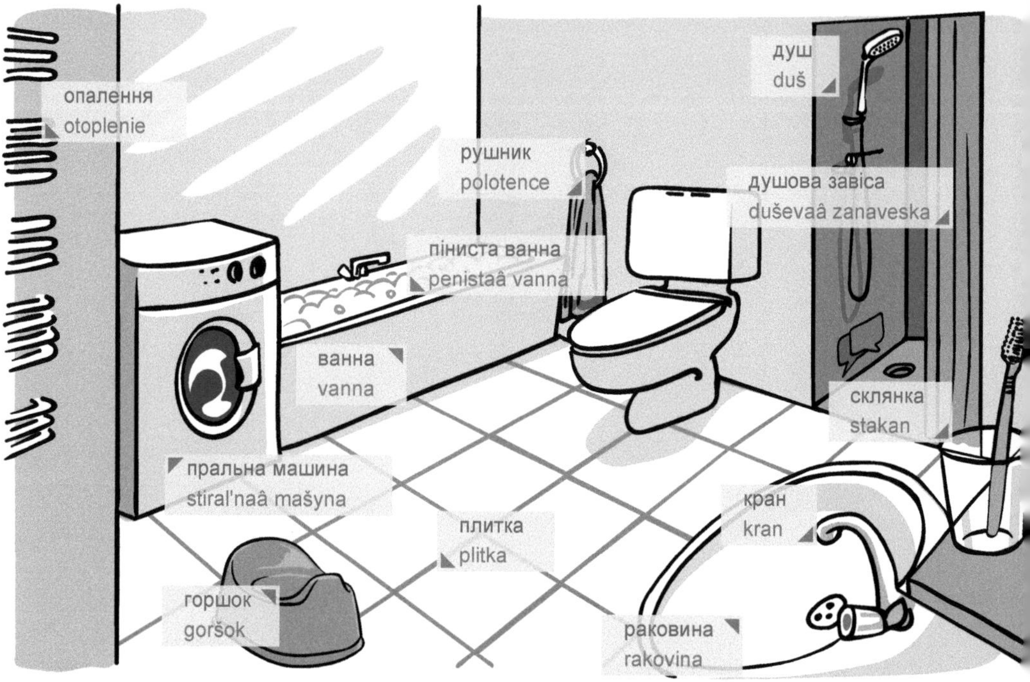

- опалення / otoplenie
- душ / duš
- рушник / polotence
- душова завіса / duševaâ zanaveska
- пінистa ванна / penistaâ vanna
- ванна / vanna
- склянка / stakan
- пральна машина / stiral'naâ mašyna
- кран / kran
- плитка / plitka
- горшок / goršok
- раковина / rakovina

туалет
tualet

підлоговий туалет
napol'nyj unitaz

біде
bide

пісуар
pissuar

туалетний папір
tualetnaâ bumaga

щітка для туалету
eršyk

зубна щітка

zubnaâ šetka

зубна паста

zubnaâ pasta

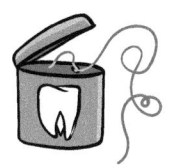

нитка для чищення зубів

zubnaâ nit'

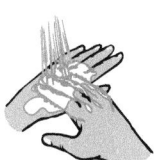

мити

myt'

ручний душ

ručnoj duš

інтимний душ

intimnyj duš

таз

taz

щітка для спини

šetka dlâ spiny

мило

mylo

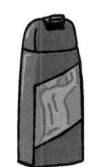

гель для душу

gel' dlâ duša

шампунь

šampun'

мочалка

močalka

водостік

stok

крем

krem

дезодорант

dezodorant

дзеркало
zerkalo

косметичне дзеркало
ručnoe zerkalo

бритва
britva

піна для гоління
pena dlâ brit'â

лосьйон після гоління
los'on posle brit'â

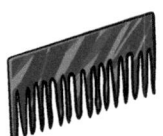

гребінь
rasčeska

щітка
šetka

фен
fen

лак для волосся
lak dlâ volos

косметика
kosmetika

губна помада
gubnaâ pomada

лак для нігтів
lak dlâ nogtej

вата
vata

ножиці для нігтів
manikûrnye nožnicy

парфум
duhi

ванна кімната - vannaâ komnata

косметичка
kosmetička

табурет
taburetka

ваги
vesy

халат
halat

гумові рукавички
rezinovye perčatki

тампон
tampon

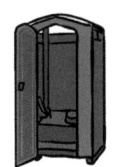

гігієнічні прокладки
gigieničeskaâ prokladka

біотуалет
biotualet

дитяча кімната
detskaâ komnata

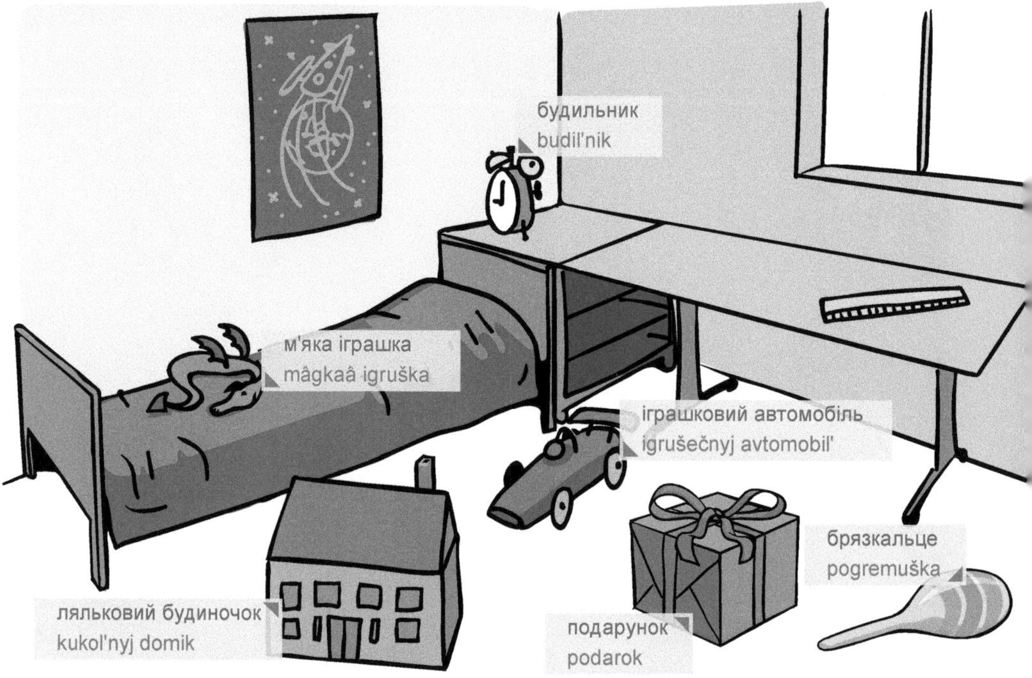

будильник
budil'nik

м'яка іграшка
mâgkaâ igruška

іграшковий автомобіль
igrušečnyj avtomobil'

брязкальце
pogremuška

ляльковий будиночок
kukol'nyj domik

подарунок
podarok

повітряна кулька
vozdušnyj šar

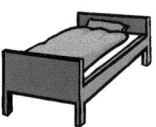

ліжко
krovať

дитячий візок
detskaâ kolâska

картярська гра
kartočnaâ igra

пазл
pazl

комікс
komiks

лего цеглинки

kirpičiki Lego

блоки

kubiki

іграшкова фігурка

igrušečnaâ figurka

повзунки

polzunki

фризбі

frisbi

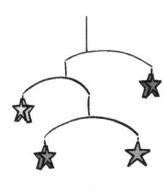

мобіле

mobile

настільна гра

nastol'naâ igra

кубик

kubik

модель залізнична станція

model' železnoj dorogi

соска

soska

вечірка

večerinka

книжка з картинками

kniga s kartinkami

м'яч

mâč

лялька

kukla

грати

igrat'

дитяча кімната - detskaâ komnata

пісочниця
pesočnica

гойдалка
kačeli

іграшка
igruška

гральна консоль
igrovaâ pristavka

триколісний велосипед
trëhkolesnyj velosiped

плюшевий мішка
plûševyj medvežonok

шафа
škaf dlâ odeždy

ОДЯГ
odežda

шкарпетки
noski

панчохи
čulki

колготки
kolgotki

одяг - odežda

боді
bodi

штани
brûki

джинси
džynsy

спідниця
ûbka

блузка
bluzka

сорочка
rubaška

пуловер
sviter

светр
sviter

піджак
sportivnaâ kurtka

куртка
žaket

пальто
pal'to

дощовик
plaš

костюм
kostûm

сукня
plat'e

весільна сукня
svadebnoe plat'e

одяг - odežda

костюм

mužskoj kostûm

нічна сорочка

nočnaâ soročka

піжама

pižama

сарі

sari

головна хустка

platok

чалма

tûrban

бурка

parandža

кафтан

kaftan

абая

abajâ

купальник

kupal'nik

плавки

plavki

шорти

šorty

тренувальний костюм

sportivnyj kostûm

фартух

fartuk

рукавички

perčatki

одяг - odežda

гудзик
pugovica

окуляри
očki

браслет
braslet

ланцюг
cepočka

кільце
kol'co

сережка
ser'ga

шапка
šapka

плічка
vešalka

капелюх
šlâpa

краватка
galstuk

застібка-блискавка
zastežka molniâ

шолом
šlem

підтяжки
podtâžki

шкільна форма
škol'naâ forma

уніформа
forma

одяг - odežda

нагрудник
detskij nagrudnik

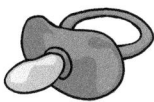
соска
soska

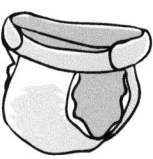
підгузок
podguznik

офіс
ofis

- сервер / server
- шаф для документів / kancelârskij škaf
- принтер / printer
- монітор / monitor
- папір / bumaga
- миша / myš'
- письмовий стіл / pis'mennyj stol
- папка / papka
- синтезатор / klaviatura
- кошик для паперу / korzina dlâ bumag
- комп'ютер / komp'ûter
- стілець / stul

кавовий кухоль
kofejnaâ kružka

калькулятор
kal'kulâtor

інтернет
internet

ноутбук
noutbuk

лист
pis'mo

повідомлення
soobšenie

мобільний телефон
mobil'nyj telefon

мережа
set'

копіювальний пристрій
kseroks

програмне забезпечення
programma

телефон
telefon

розетка
rozetka

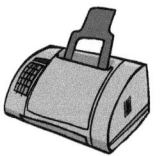
факс
faks

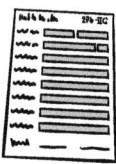
бланк
formulâr

документ
dokument

економіка
èkonomika

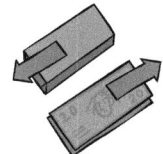
купувати
pokupat'

платити
platit'

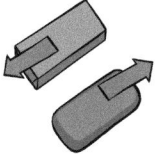
торгувати
torgovat'

гроші
den'gi

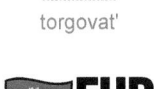
долар
dollar

євро
evro

ієна
iena

рубль
rubl'

франк
frank

юанів женьміньбі
žèn'min'bi ûan'

рупія
rupiâ

банкомат
bankomat

обмінний пункт
punkt obmena valûty

золото
zoloto

срібло
serebro

нафта
neft'

енергія
ènergiâ

ціна
cena

контракт
dogovor

податок
nalog

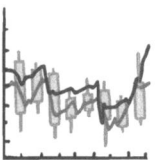

акція
akcyâ

працювати
rabotat'

працівник
služašij

роботодавець
rabotodatel'

фабрика
fabrika

магазин
magazin

економіка - èkonomika

професії
professii

поліцейський / milicyoner

пожежник / pożarnyj

повар / povar

лікар / vrač

пілот / pilot

садівник
sadovnik

столяр
stolâr

швачка
šveâ

суддя
sud'â

хімік
himik

актор
aktër

водій автобуса
voditel' avtobusa

таксист
taksist

рибалка
rybak

прибиральниця
uboršica

покрівельник
krovel'šik

офіціант
oficyant

мисливець
ohotnik

художник
hudožnik

пекар
pekar'

електрик
èlektrik

будівельник
stroitel'

інженер
inžener

забійник
mâsnik

бляхар
santehnik

листоноша
počtal'on

професії - professii

солдат
soldat

архітектор
arhitektor

касир
kassir

флорист
florist

перукар
parikmaher

кондуктор
konduktor

механік
mehanik

капітан
kapitan

дантист
zubnoj vrač

вчений
učenyj

рабин
ravvin

імам
imam

монах
monah

пастор
svâšennik

професії - professii

інструменти
instrumenty

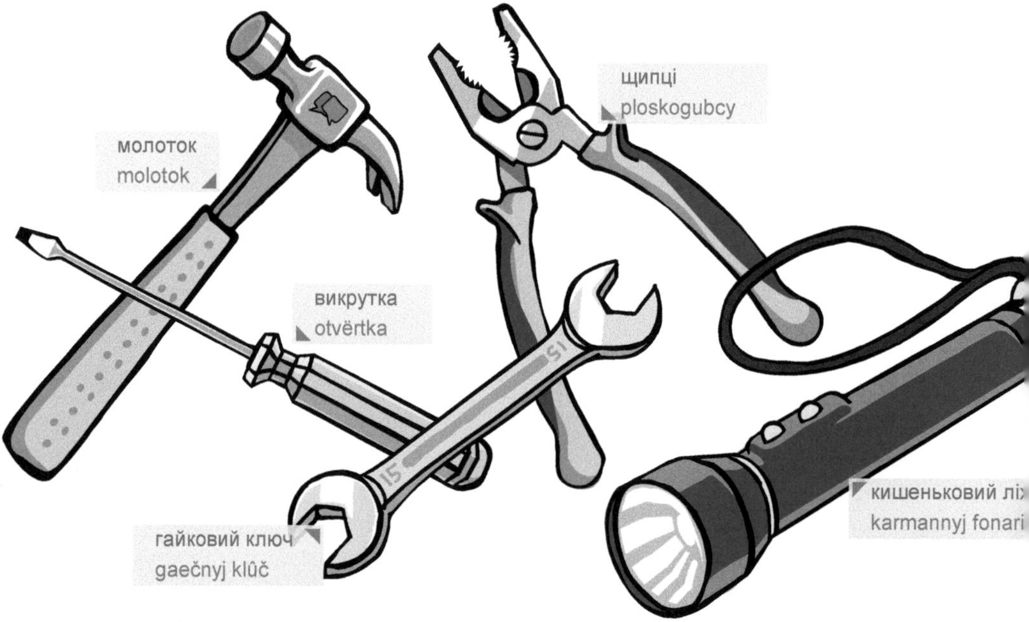

молоток
molotok

щипці
ploskogubcy

викрутка
otvĕrtka

гайковий ключ
gaečnyj klûč

кишеньковий лі(х)
karmannyj fonari(k)

екскаватор
èkskavator

ящик для інструментів
âšik dlâ instrumentov

драбина
stremânka

пилка
pila

цвяхи
gvozdi

свердло
drel'

ремонтувати

remontirovat'

лопата

lopata

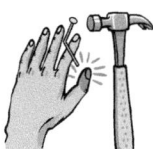

лайно!

Blin!

совок

sovok

відро з фарбою

vedro s kraskoj

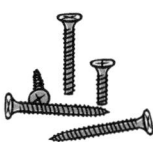

гвинти

vinty

музичні інструменти
muzykal'nye instrumenty

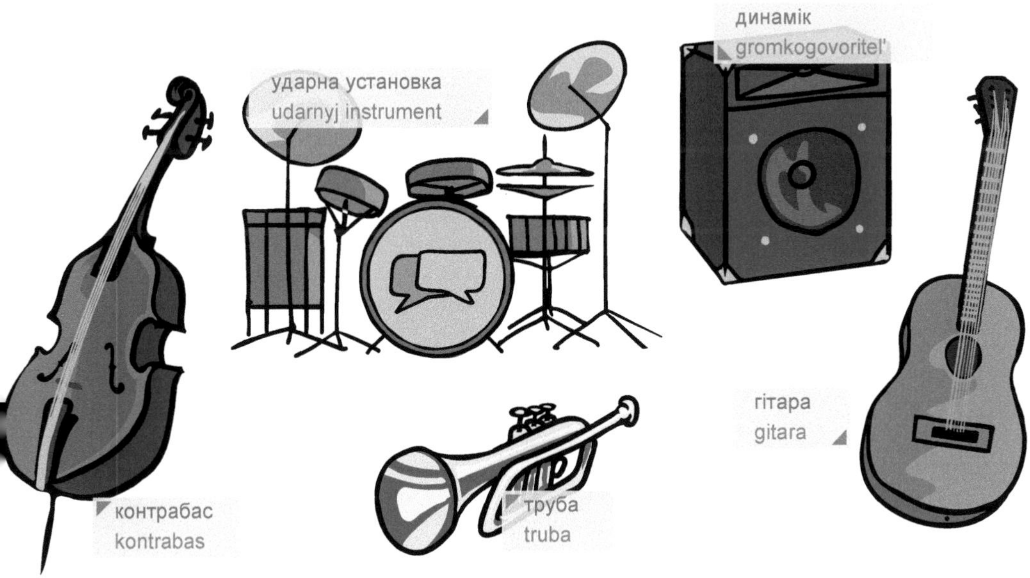

ударна установка
udarnyj instrument

динамік
gromkogovoritel'

гітара
gitara

контрабас
kontrabas

труба
truba

фортепіано	скрипка	бас
pianino	skripka	bas-gitara

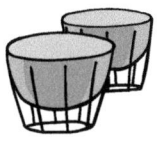

литаври	барабан	клавіатура
litavry	baraban	sintezator

саксофон	флейта	мікрофон
saksofon	flejta	mikrofon

зоопарк
zoopark

тигр / tigr
вхід / vhod
клітка / kletka
зебра / zebra
корм / korm
панда / panda

тварини
żyvotnye

слон
slon

кенгуру
kenguru

носоріг
nosorog

горила
gorilla

ведмідь
medved'

верблюд
verblûd

страус
straus

лев
lev

мавпа
obez'âna

фламінго
flamingo

папуга
popugaj

білий ведмідь
belyj medved'

пінгвін
pingvin

акула
akula

павич
pavlin

змія
zmeâ

крокодил
krokodil

працівник зоопарку
služytel' zooparka

тюлень
tûlen'

ягуар
âguar

зоопарк - zoopark

поні
poni

леопард
leopard

гіпопотам
begemot

жираф
žyraf

орел
orël

кабан
kaban

риба
ryba

черепаха
čerepaha

морж
morž

лисиця
lisa

газель
gazel'

зоопарк - zoopark

спорт
sport

дії
dejstviâ

стрибати
prygať

сміятися
smeât'sâ

обіймати
obnimať

йти
idti

співати
peť

мріяти
mečtať

молитися
moliť sâ

цілувати
celovať

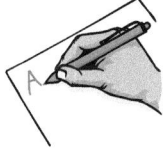

писати
pisať

малювати
risovať

показувати
pokazyvať

тиснути
nažymať

давати
davať

брати
brať

дії - dejstviâ

мати imet'	робити delat'	бути byt'

стояти stoât'	бігати bežat'	тягнути tânut'

кидати brosat'	падати padat'	лежати ležat'

очікувати ždat'	носити nosit'	сидіти sidet'

одягати nadevat'	спати spat'	просипатися prosypat'sâ

дії - dejstviâ

 дивитися rassmatrivat'	 плакати plakat'	 гладити gladit'
 розчісувати pričesyvat'	 розмовляти govorit'	 розуміти ponimat'
 питати sprašyvat'	 слухати slušat'	 пити pit'
 їсти kušat'	 прибирати navodit' porâdok	 любити lûbit'
 варити gotovit'	 їхати ehat'	 літати letat'

йти під вітрилом
hodit' pod parusom

рахувати
sčitat'

читати
čitat'

вчитися
učit'sâ

працювати
rabotat'

одружуватися
vstupat' v brak

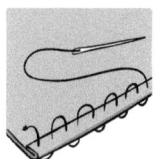
шити
šyt'

чистити зуби
čistit' zuby

убивати
ubivat'

курити
kurit'

посилати
otpravlât'

дії - dejstviâ

сім'я
sem'â

бабуся / babuška
дідуся / deduška
батько / papa
мати / mama
немовля / mladenec
донька / doč'
син / syn

гість
gosť

тітка
tetâ

дядько
dâdâ

брат
brat

сестра
sestra

тіло
telo

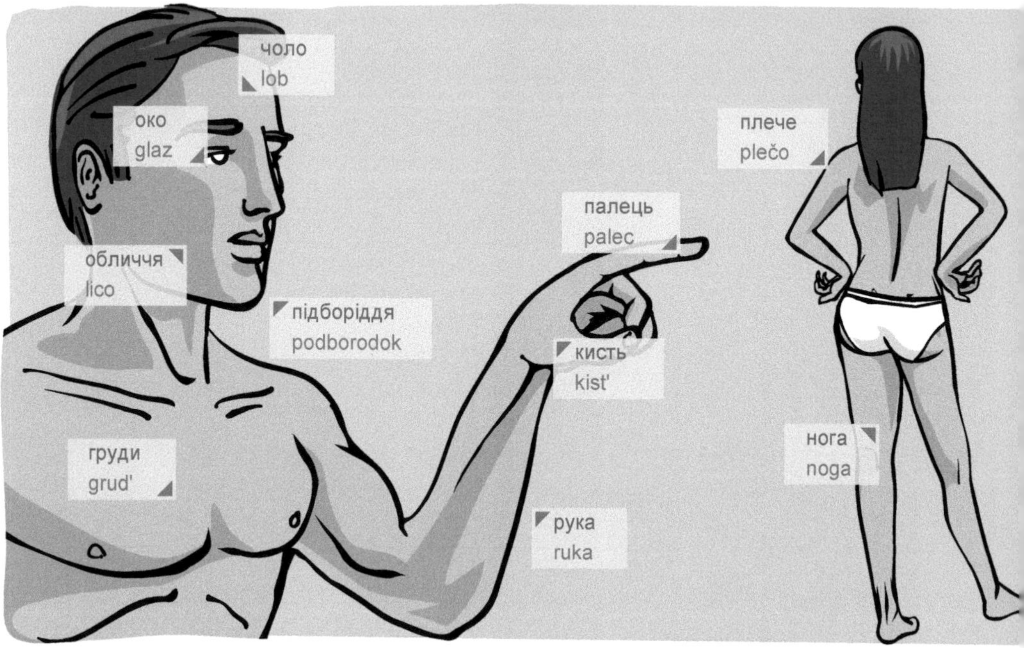

чоло / lob
око / glaz
обличчя / lico
підборіддя / podborodok
груди / grud'
палець / palec
кисть / kisť
рука / ruka
плече / plečo
нога / noga

немовля
mladenec

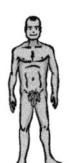

чоловік
mužčina

жінка
ženšina

дівчина
devočka

хлопчик
mal'čik

голова
golova

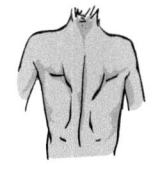	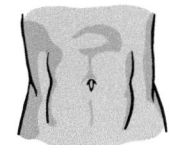	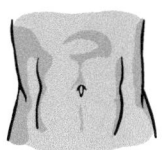
спина spina	живіт žyvot	пуп pupok
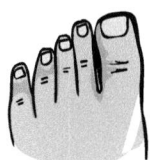	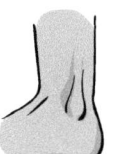	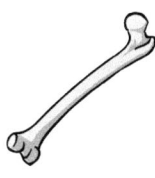
палець ноги palec nogi	п'ята pâtka	кістка kost'
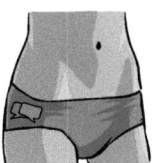		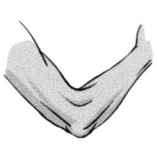
стегно bedro	коліно koleno	лікоть lokot'
		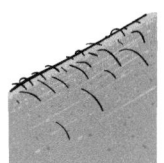
ніс nos	сідниці âgodicy	шкіра koža
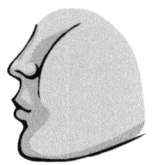	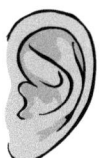	
щока šeka	вухо uho	губа guba

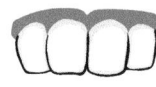

рот — rot
зуб — zub
язик — âzyk

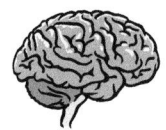
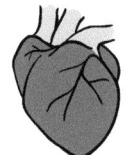

мозок — mozg
серце — serdce
м'яз — myšca

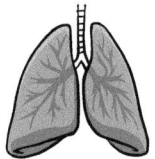

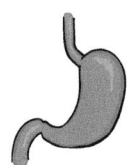

легені — lëgkoe
печінка — pečen'
шлунок — želudok

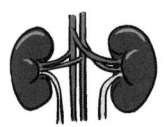

нирки — počki
статевий акт — polovoj akt
презерватив — prezervativ

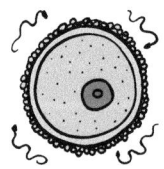

яйцеклітина — âjcekletka
сперма — sperma
вагітність — beremennost'

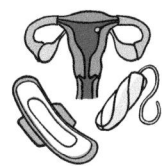
менструація
menstruacyâ

вагіна
vagina

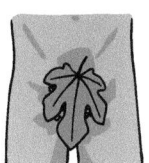
пеніс
penis

брова
brov'

волосся
volosy

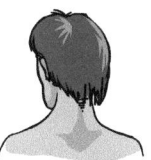
шия
šeâ

лікарня
bol'nica

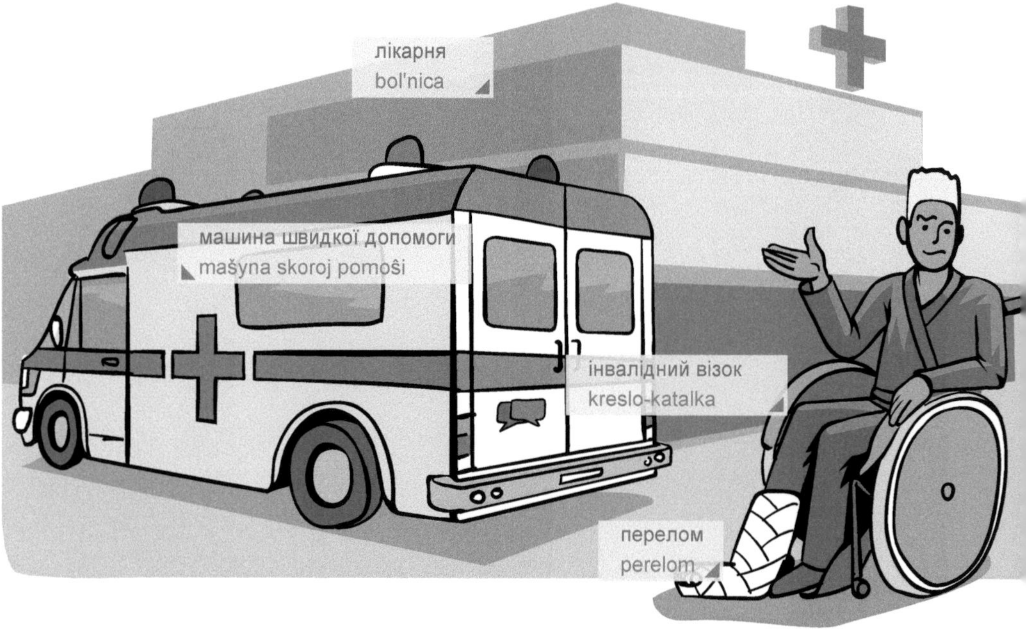

лікарня
bol'nica

машина швидкої допомоги
mašyna skoroj pomoši

інвалідний візок
kreslo-katalka

перелом
perelom

лікар

vrač

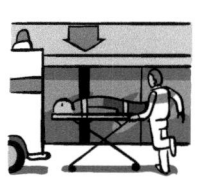

відділення швидкої
медичної допомоги

punkt pervoj pomoši

медсестра

medsestra

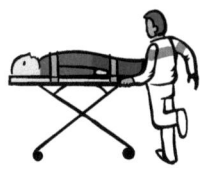

аварійний випадок

neotložnyj slučaj

непритомний

bez soznaniâ

біль

bol'

 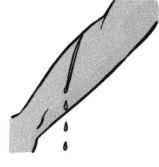 

травма	кровотеча	інфаркт
povreždenie	krovotečenie	infarkt

інсульт	алергія	кашель
insul't	allergiâ	kašel'

лихоманка	грип	пронос
povyšennaâ temperatura	gripp	ponos

  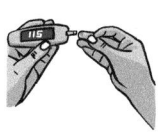

головна біль	рак	діабет
golovnaâ bol'	rak	diabet

хірург	скальпель	операція
hirurg	skal'pel'	operacyâ

лікарня - bol'nica

КТ
КТ

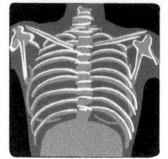

рентген
rentgen

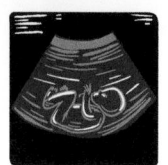

ультразвук
ul'trazvuk

маска
maska

хвороба
bolezn'

зал очікування
priëmnaâ

милиця
kostyl'

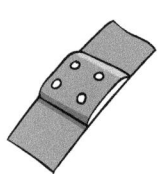

пластир
plastyr'

пов'язка
bint

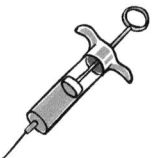

ін'єкція
ukol

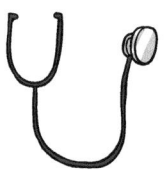

стетоскоп
stetoskop

ноші
nosilki

термометр
termometr

народження
roždenie

надмірна вага
izbytočnyj ves

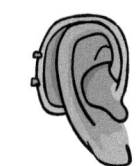  

слуховий апарат	дезінфікуючий засіб	інфекція
sluhovoj apparat	dezinfekcyonnoe sredstvo	infekcyâ

вірус	ВІЛ / СНІД	медицина
virus	VIČ / SPID	lekarstvo

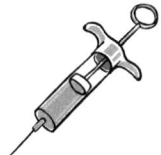 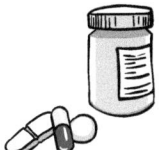 

вакцинація	таблетки	протизаплідна пігулка
privivka	tabletki	protivozačatočnaâ tabletka

екстрений виклик	тонометр	хворий / здоровий
èkstrennyj vyzov	pribor dlâ izmereniâ krovânogo davleniâ	bol'noj / zdorovyj

лікарня - bol'nica

аварійний випадок
neotložnyj slučaj

сигнал тривоги
signal trevogi

напад
napadenie

атака
ataka

небезпека
opasnost'

аварійний вихід
zapasnoj vyhod

Вогонь!
Požar!

вогнегасник
ognetušytel'

аварія
nesčastnyj slučaj

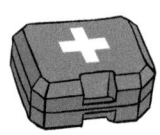

аптечка
aptečka

СОС
SOS

поліція
milicyâ

Допоможіть!
Pomogite!

Земля
zemlâ

Європа
Evropa

Північна Америка
Severnaâ Amerika

Південна Америка
Ûžnaâ Amerika

Африка
Afrika

Азія
Aziâ

Австралія
Avstraliâ

Атлантика
Atlantičeskij okean

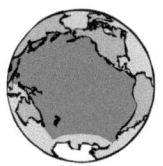

Тихий океан
Tihij okean

Індійський океан
Indijskij okean

Антарктичний океан
Antarktičeskij okean

Північний Льодовитий океан
Severnyj Ledovityj okean

Північний полюс
Severnyj polûs

Південний полюс	Антарктика	Земля
Ûžnyj polûs	Antarktika	zemlâ

суша	море	острів
suša	more	ostrov

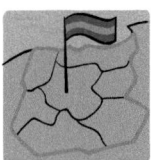 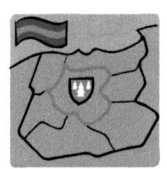

нація	держава
nacyâ	gosudarstvo

ГОДИННИК
časy

циферблат — cyferblat
годинникова стрілка — časovaâ strelka
хвилинна стрілка — minutnaâ strelka

  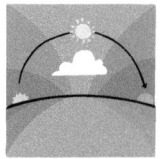

секундна стрілка — sekundnaâ strelka
Котра година? — Kotoryj čas?
день — den'

час — vremâ
зараз — sejčas
цифровий годинник — èlektronnye časy

хвилина — minuta
година — čas

тиждень
nedelâ

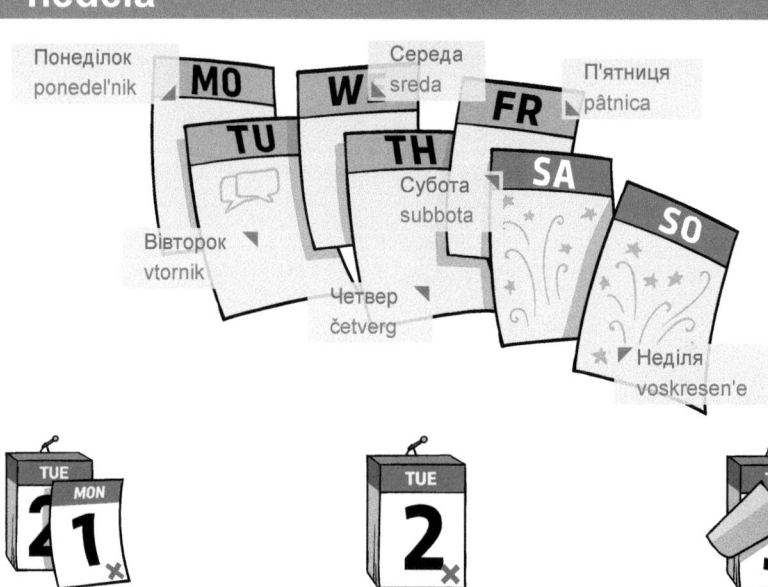

вчора

včera

сьогодні

segodnâ

завтра

zavtra

ранок

utro

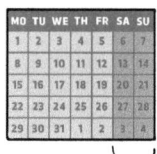

опівдні

polden'

вечір

večer

робочі дні

rabočie dni

кінець робочого тижня

vyhodnye

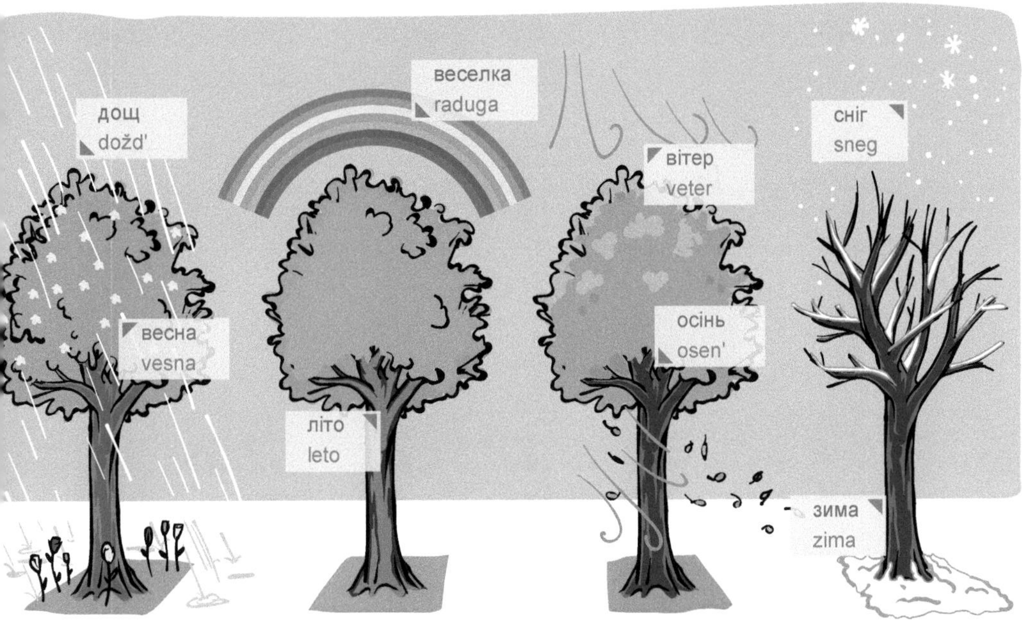

рік
god

дощ / dožd'
веселка / raduga
вітер / veter
сніг / sneg
весна / vesna
літо / leto
осінь / osen'
зима / zima

прогноз погоди
prognoz pogody

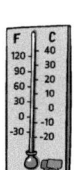

термометр
termometr

сонячне світло
solnečnyj svet

хмара
tuča

туман
tuman

вологість повітря
vlažnosť vozduha

блискавка
molniâ

грім
grom

шторм
burâ

град
grad

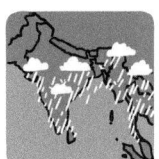

мусон
musson

повінь
navodnenie

лід
lëd

Січень
ânvar'

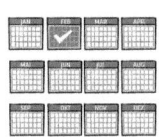

Лютий
fevral'

Березень
mart

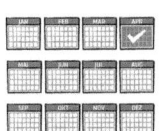

Квітень
aprel'

Травень
maj

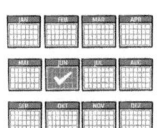

Червень
iûn'

Липень
iûl'

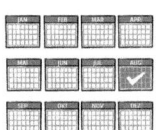

Серпень
avgust

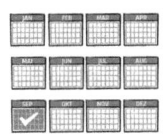
Вересень
sentâbr'

Жовтень
oktâbr'

Листопад
noâbr'

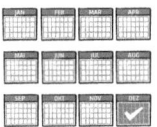
Грудень
dekabr'

форми
formy

круг
krug

квадрат
kvadrat

прямокутник
prâmougol'nik

трикутник
treugol'nik

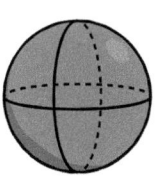
куля
šar

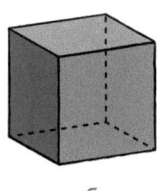
куб
kub

фарби
cveta

білий

belyj

жовтий

želtyj

помаранчевий

oranževyj

рожевий

rozovyj

червоний

krasnyj

фіолетовий

lilovyj

синій

sinij

зелений

zelënyj

коричневий

koričnevyj

сірий

seryj

чорний

černyj

протилежності
protivopoložnosti

багато / мало

mnogo / malo

лютий / мирний

ârostnyj / mirnyj

гарний / бридкий

krasivyj / urodlivyj

початок / кінець

načalo / konec

великий / малий

bol'šoj / malen'kij

світлий / темний

svetlyj / temnyj

брат / сестра

brat / sestra

чистий / брудний

čistyj / grâznyj

завершений / незавершений

polnyj / nepolnyj

день / ніч

den' / noč'

мертвий / живий

mërtvyj / žyvoj

широкий / вузький

šyrokij / uzkij

їстівний / неїстівний

s"edobnyj / nes"edobnyj

злий / дружній

zloj / družel ûbnyj

збуджений / нудьгуючий

vzvolnovannyj / skučaûŝij

товстий / тонкий

tolstyj / hudoj

спочатку / востаннє

snačala / v konce

друг / ворог

drug / vrag

повний / порожній

polnyj / pustoj

жорсткий / м'який

tvërdyj / mâgkij

важкий / легкий

tâžëlyj / legkij

голод / спрага

golod / žažda

хворий / здоровий

bol'noj / zdorovyj

незаконний / законний

nezakonnyj / zakonnyj

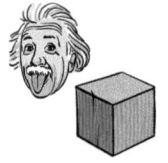

розумний / дурний

umnyj / glupyj

вліво / вправо

sleva / sprava

поруч / далеко

blizko / daleko

протилежності - protivopoložnosti

новий / використаний

novyj / poderžannyj

нічого / щось

ničto / nečto

старий / молодий

staryj / molodoj

вкл / викл

vklûčeno / vyklûčeno

відкрито / закрито

otkryto / zakryto

тихо / гучно

tiho / gromko

багатий / бідний

bogatyj / bednyj

правильно / неправильно

pravil'nyj / nepravil'nyj

шорсткий / гладкий

šerohovatyj / gladkij

сумний / щасливий

pečal'nyj / sčastlivyj

короткий / довгий

korotkij / dlinnyj

повільно / швидко

medlennyj / bystryj

вологий / сухий

mokryj / suhoj

гарячий / холодний

tëplyj / prohladnyj

війна / мир

vojna / mir

протилежності - protivopoložnosti

числа
cyfry

0 — нуль — nol'

1 — один — odin

2 — два — dva

3 — три — tri

4 — чотири — četyre

5 — п'ять — pât'

6 — шість — šest'

7 — сім — sem'

8 — вісім — vosem'

9 — дев'ять — devât'

10 — десять — desât'

11 — одинадцять — odinnadcat'

12
дванадцять
dvenadcat'

13
тринадцять
trinadcat'

14
чотирнадцять
četyrnadcat'

15
п'ятнадцять
pâtnadcat'

16
шістнадцять
šestnadcat'

17
сімнадцять
semnadcat'

18
вісімнадцять
vosemnadcat'

19
дев'ятнадцять
devâtnadcat'

20
двадцять
dvadcat'

100
сто
sto

1.000
тисяча
tysâča

1.000.000
мільйон
million

МОВИ
âzyki

англійська

anglijskij

американська англійська

amerikanskij anglijskij

китайська високочиновницька

mandarinskij kitajskij

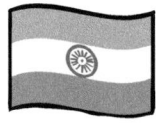

хінді

hindi

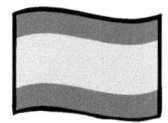

іспанська

ispanskij

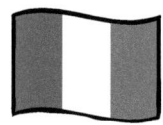

французька

francuzskij

арабська

arabskij

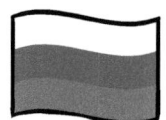

російська

russkij

португальська

portugal'skij

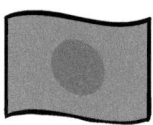

бенгальська

bengal'skij

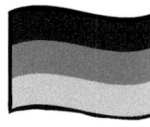

німецька

nemeckij

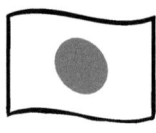

японська

âponskij

хто / що / як
kto / čto / kak

я
â

ти
ty

він / вона / воно
on / ona / ono

ми
my

ви
vy

вони
oni

хто?
kto?

що?
čto?

як?
kak?

де?
gde?

коли?
kogda?

ім'я
imâ

де
gde

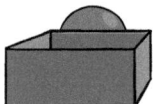

ззаду

za

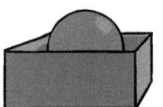

в

v

перед

pered

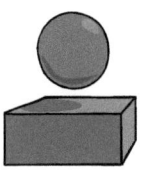

над

nad

на

na

під

pod

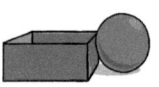

біля

râdom

між

meždu

місце

mesto